DISCOURS

PRONONCÉS

À LA FÊTE OFFERTE

AU

DR DUJARDIN-BEAUMETZ

PAR

SES AMIS ET SES ÉLÈVES

DISCOURS

PRONONCÉS A LA FÊTE OFFERTE

AU

Dr DUJARDIN-BEAUMETZ

DISCOURS

PRONONCÉS

A LA FÊTE OFFERTE

AU

DR DUJARDIN-BEAUMETZ

PAR

SES AMIS ET SES ÉLÈVES

13 Mars 1893.

PARIS
OCTAVE DOIN, ÉDITEUR
8, PLACE DE L'ODÉON, 8

—

1893

Le 13 mars 1893, les amis et les élèves du Dr Dujardin-Beaumetz fêtaient dans un banquet, sous la présidence de M. le Dr Rochard, vice-président du Conseil d'Hygiène, sa promotion au grade de Commandeur de la Légion d'honneur.

A la fin de ce banquet, les discours suivants ont été prononcés.

TOAST PRONONCÉ PAR M. LE Dr ROCHARD,

VICE-PRÉSIDENT DU CONSEIL D'HYGIÈNE, GRAND OFFICIER

DE LA LÉGION D'HONNEUR

« Cette fête de famille devait être présidée par M. le Préfet de police. Ses occupations, très pressantes en ce moment, nous privent du vif plaisir de le voir parmi nous, et c'est à moi qu'est incombé l'honneur de le remplacer. Les regrets que m'inspire son absence sont atténués par le plaisir de voir au milieu de nous M. le Secrétaire général Laurent, mais ils n'en sont pas moins profonds. C'est à M. le Préfet de police qu'il appartenait d'exposer, devant vous, les titres auxquels M. Dujardin-Beaumetz doit la haute distinction que nous sommes réunis pour fêter ensemble. Il l'eût fait avec plus d'autorité et de compétence que moi, mais il n'y aurait mis ni plus de conviction ni plus de sincère amitié.

« La croix de Commandeur de la Légion d'honneur, qui vient d'être décernée à M. Dujardin-Beaumetz, est la récompense des services qu'il a rendus, depuis dix ans à la ville de Paris, au cours de toutes les épidémies qu'elle a subies. Je ne veux pas vous les raconter toutes. Soyez tranquilles, je ne remonterai pas plus haut que 1884. C'est à cette époque que j'ai pu apprécier pour la première fois les mérites de M. Dujardin-Beaumetz. Oui, mon cher Collègue, je me souviens encore de l'ardeur, de l'entrain, de la *maestria* avec lesquels vous avez accompli ce pénible service.

« Le Préfet de police d'alors me touchait de très près, et je vous ai parfois accompagnés dans vos expéditions. A cette époque, le choléra procédait par petits foyers distincts. Aussitôt qu'on vous en signalait un, vous y couriez, Camescasse et vous, comme les pompiers courent au feu. Seulement, au lieu d'éteindre les incendies, vous en allumiez quelquefois. J'ai ouï parler de petites maisons que vous avez livrées aux flammes, désespérant de les dompter ; oui, Messieurs, ils traitaient le bacille virgule par la crémation.

« L'année dernière, lorsque le choléra nous est revenu, il a procédé d'autre façon, par des cas isolés, plus nombreux, plus espacés ; mais l'expérience vous avait instruit, et la Préfecture de police avait organisé un service d'informations et de prophylaxie qui ne laissait rien à désirer. Renseignés par le téléphone, vos inspecteurs se rendaient immédiatement sur les lieux, faisaient enterrer les morts, transporter par les voitures de l'Administration les malades dans les hôpitaux désignés à cet effet, et désinfecter les locaux à l'aide des étuves et des pulvérisateurs à main maniés par des escouades d'agents que vous aviez dressés à cet effet.

« Grâce au service dont vous étiez l'âme, le

choléra s'est partout éteint sur place ; il n'y a pas eu une seule épidémie de maison, et la Ville, sérieusement menacée, n'a eu qu'un petit nombre de décès à déplorer.

« Ce sont là, Messieurs, les services que le pays a si noblement récompensés.

« Je voudrais pouvoir vous parler des titres scientifiques de notre ami, de ses livres, de ses communications à l'Académie de médecine, où il est si bien écouté ; mais cela me mènerait trop loin, et puis ce n'est véritablement pas tout cela qui nous réunit. Si nous sommes si nombreux à vous fêter, cher ami, ce n'est pas parce que vous êtes un savant et un médecin de premier ordre, c'est parce que vous êtes bon, aimable, obligeant, sympathique, c'est parce que nous vous aimons tous ! La jeunesse qui vous entoure n'est pas, comme certains se plaisent à le dire, aveugle dans ses préférences et dans ses antipathies ; elle ne va pas à ceux qui la flattent et qui recherchent la popularité ; elle va à ceux qui lui sont utiles, qui l'instruisent, qui la guident et qui l'aiment, et c'est pour cela, Messieurs, que vous allez tous applaudir au toast que je vais porter.

« Mon cher Dujardin-Beaumetz, je vous donne l'accolade, je bois à votre santé et à la noble récompense qui vient de vous être décernée. »

TOAST PRONONCÉ PAR M. LAURENT, SECRÉTAIRE GÉNÉRAL
DE LA PRÉFECTURE DE POLICE

« Mon cher Maître,

« Notre éminent Président a bien voulu rappeler que l'honneur de présider ce banquet avait été offert, par le Comité d'organisation, à M. le Préfet de police. Vous savez avec quelle grande satisfaction il l'avait accepté. Retenu par d'autres devoirs, il a dû, au dernier moment, s'excuser de ne pouvoir se rendre à cette fête. Je suis chargé de vous en exprimer ses plus vifs regrets.

« M. le Préfet de police s'est trouvé, avec vous, à la peine et au travail, et il eût aimé à répéter, au milieu de cette foule d'amis venus pour applaudir à la décision du Gouvernement, quelle aide puissante son administration a toujours rencontrée en vous, dans la pratique de la plus attachante de ses attributions qui lui donne à combattre les épidémies et les maladies contagieuses, justement assimilées aux pires des malfaiteurs.

« Vous êtes entré, il y a plus de douze ans, au Conseil d'Hygiène et de Salubrité de la Seine, avec l'autorité que vous donnaient d'incessants services rendus à l'Assistance publique et déjà récompensés par la croix d'Officier de la Légion d'honneur, aussi bien que le titre de membre de l'Académie de médecine que vous deviez au jugement de vos pairs.

« Vos travaux, vos rapports ont été immédiatement remarqués par cette assemblée où siègent tant de savants, et tous vos collègues seront d'accord pour reconnaître qu'il n'est sorti de leurs délibérations aucune réforme utile que vous n'ayiez secondée de vos patientes recherches et de votre parole.

« En 1884, l'épidémie cholérique vous trouve au nombre de ceux qui la combattent avec le plus d'efficacité, et le Gouvernement reconnaît votre dévouement en vous accordant une médaille d'or.

« L'épidémie cholérique de 1892, qui s'est propagée si rapidement dans la banlieue et dans Paris, réclamait des efforts énergiques. Les bonnes volontés risquaient de s'éparpiller. Pour les grouper, M. le Préfet de police a créé le « Comité permanent des Épidémies », qui survivra à cette douloureuse épreuve et où vous avez pris une si grande place à côté de M. l'inspecteur général Proust — justement récompensé avec vous, — de M. le Dr Léon Colin, inspecteur général du Service de Santé des Armées ; de MM. les Drs Brousse et Levraud, membres du Conseil municipal de Paris, que le Gouvernement n'a pas oubliés dans la répartition des témoignages officiels de sa satisfaction.

« Secondé par le dévouement de tout le corps

médical et des municipalités, par la collaboration de nos jeunes inspecteurs, qui n'ont ménagé ni leur temps ni leur peine, par le concours efficace des services de désinfection de la Préfecture de la Seine, par les allocations du Conseil général et du Conseil municipal de Paris qui nous ont permis de développer nos moyens d'action, le Comité s'est employé à combattre le mal dans chaque quartier, dans chaque maison; et c'est grâce à lui — grâce à vous, — que la contagion, très menaçante dès le début, ne s'est pas répandue davantage.

« Le Gouvernement ne pouvait le méconnaître. Il vous a promu Commandeur de la Légion d'honneur. Je suis fier de l'honneur qui m'est dévolu de vous dire avec quelle joie M. le Préfet de police a vu se réaliser sa proposition.

« En son nom, je porte votre santé en y associant une pensée de cordiale reconnaissance. »

TOAST PRONONCÉ PAR M. PEYRON

DIRECTEUR

DE L'ADMINISTRATION GÉNÉRALE DE L'ASSISTANCE PUBLIQUE

« Mon cher Maître,

« Vous avez des amis et des élèves qui vous sont profondément attachés et qui vous en donnent, ce soir, un éclatant témoignage. Mais il y a une autre affection dont vous avez aussi le droit d'être fier, c'est l'affection de vos malades, et il me semble que quelque chose manquerait pour vous à cette touchante manifestation si leur souvenir n'y était associé, et c'est au nom de vos malades de l'hôpital Cochin que je porte d'abord votre santé.

« Et, d'ailleurs, cet attachement de vos malades et de vos élèves relève des mêmes causes : c'est la même science, c'est le même dévouement, c'est la même main toujours prompte aux services, c'est la même belle humeur qui vous les ont conquis. On ne peut, du reste, se donner complètement aux uns sans se donner complètement aux autres.

« C'est au lit du malade que la médecine s'apprend ; mais l'élève lui aussi est nécessaire au malade, et non pas seulement pour la part qu'il prend aux soins qu'on lui donne, mais parce que, par sa seule présence et par une sorte de catalyse morale, il est sa garantie la plus sûre de l'activité du chef ; et, lorsqu'on sait, comme vous, mon cher Maître, attirer et retenir d'aussi nombreux élèves, on ne fait pas seulement œuvre de science, on fait, en même temps, œuvre d'assistance, et c'est le cœur plein de gratitude pour vous, pour vos collaborateurs d'aujourd'hui et d'hier, que je bois à cette union, que vous avez si bien réalisée, de la pratique hospitalière et de l'enseignement hospitalier.

« Mon cher Maître,

« Quand on parcourt votre service, le réfectoire de vos malades avec ses proportions exiguës, son jour douteux et ses parois de bois, donne l'impression d'un entrepont de navire, et, si l'on poursuit la visite, l'impression se fortifie à voir combien tout a été par vous arrangé — notre président dirait arrimé — pour tirer parti du moindre espace, à sentir cette énergie et cette unité d'impulsion que vous donnez à tous les concours que vous groupez autour de vous. Il est attaché au sol, ce navire, mais son immobilité n'est qu'apparente, et, chaque année, de nouvelles découvertes marquent son sillage sur les routes du progrès. A vous qui le pilotez si bien, à ceux qui vous secondent, à ses pauvres passagers je souhaite toujours bonne brise ! »

TOAST PRONONCÉ PAR M. LE D^r ŒTTINGER, MÉDECIN
DES HÔPITAUX

« Mon cher Maître,

« Parmi tous ceux de vos élèves qui sont réunis ici pour vous fêter, je me trouve être l'un des plus anciens et je m'en félicite aujourd'hui, puisque c'est à moi qu'est échu le grand honneur de vous dire, au nom de tous, combien nous sommes heureux et fiers de vous.

« Je ne suis pas embarrassé pour vous dire ce que je pense ; cependant, je ne suis pas un orateur éloquent et je me trouve en présence d'un imposant auditoire qui, pour être éminemment sympathique, n'en a pas moins le droit d'être difficile.

« Je n'ai pas à rappeler le maître excellent que vous avez été pour nous ; personne ne l'a oublié ; mais je tiens à vous le redire, car nous sommes si souvent ingrats envers ceux qui nous ont dirigés et conseillés ! Alors que nous sommes jeunes, pleins d'illusion et pleins de confiance en nous-mêmes, nous nous imaginons volontiers que ce que nous savons, c'est à nous seuls que nous le devons. Ce n'est que plus tard, quand nous avons appris la réelle valeur des choses, instruits par l'expérience, que nous comprenons que le meilleur de nous appartient à nos maîtres, et que la science si belle qu'ils nous ont enseignée est un précieux héritage que nous devons pieusement respecter.

« Ce que vous nous avez appris, vous, mon cher Maître, c'est l'art médical par excellence, c'est l'art de soigner les malades ; toutes les branches de la médecine ne cherchent-elles pas à atteindre ce but sublime, qui est de guérir ou, tout au moins, de toujours soulager ?

« Vous nous avez appris en même temps à pratiquer notre art avec bonté, avec gaîté ; vous nous avez appris à être des amis pour ceux qui souffrent. Ai-je besoin de rappeler tous les témoignages de reconnaissance que vous ont, tant de fois, prodigués vos malades de l'hôpital pour prouver que vous avez su réaliser en vous toutes les qualités intellectuelles et morales que doit posséder le vrai médecin ?

« Et tout cela, vous nous l'avez appris avec cette ardeur, cet entrain, cet enthousiasme qui faisait dire, à qui vous voyait au milieu de vos élèves, que le plus jeune de tous c'était bien vous !

« Puissiez-vous, mon cher Maître, conserver longtemps cette ardeur, cet enthousiasme ! Mais ne venez-vous pas de nous donner la preuve que vous êtes plus infatigable, plus jeune que jamais en prenant la direction de cette œuvre nouvelle, la « Bibliothèque de thérapeutique médicale », qui, sous votre inspiration, grâce à votre activité, sera, je n'en doute pas, un grand succès pour vous et pour tous ceux qui sont heureux de se dire vos élèves.

« Je voudrais encore vous dire autre chose, mon cher Maître, je voudrais vous dire l'ami de toutes les heures que vous avez été pour nous tous. Mais je m'arrête, car, pour vous remercier de tout cela, j'aurais trop envie de faire, comme cette croix que vous avez si bien méritée... de vous sauter au cou. Je bois à notre cher Maître, M. Dujardin-Beaumetz ! »

TOAST PRONONCÉ PAR M. LE D<sup>r</sup> DE BEAUVAIS,

VICE-PRÉSIDENT DE LA SOCIÉTÉ DE MÉDECINE

ET DE CHIRURGIE PRATIQUES

« Mon cher Président,
« Permettez-moi, au nom de mes honorés Collègues, de vous renouveler l'expression de nos cordiales et bien sincères félicitations, pour votre promotion au grade de Commandeur de la Légion d'honneur. J'ai laissé à des voix plus autorisées et plus éloquentes que la mienne le soin et le devoir de dire ici toute votre valeur professionnelle, vos nombreux titres scientifiques, vos importants services rendus pendant l'épidémie récente de choléra, et vos droits acquis à la haute et légitime situation que vous occupez dans le corps médical.
« Je ne demande, ce soir, que l'honneur et le plaisir de fêter en famille le dévoué Président de la Société de Médecine et de Chirurgie pratiques, qu'il a créée et réorganisée, cette Société nouvelle qui, sous son impulsion active et généreuse, saura conquérir une place sérieuse et honorable parmi les associations laborieuses et savantes de Paris.
« Je bois donc de tout cœur, à la fois, au succès

de notre Société naissante et à la précieuse santé de son excellent Président, pour qui nous professons tous autant d'estime, de sympathie et de dévouement que de véritable affection.

« Honneur et salut à vous, mon cher Commandeur ! »

TOAST PRONONCÉ PAR M. LE Dʳ DE PIETRA SANTA,

SECRÉTAIRE GÉNÉRAL DE LA SOCIÉTÉ FRANÇAISE D'HYGIÈNE

« Le salut amical que je viens adresser au nouveau Commandeur de la Légion d'honneur, je l'apporte ici, au nom de ses dévoués collègues de la Société française d'Hygiène ; au nom des journaux scientifiques d'Angleterre et des États-Unis qui le comptent, avec orgueil, parmi leurs collaborateurs les plus féconds et les plus désintéressés ; au nom personnel d'un vieil ami, vétéran de la Presse médico-hygiénique, s'il n'a pas le privilège, peu enviable, du reste, d'en être le doyen.

« Pour nous tous, mon cher Beaumetz, votre brillante carrière, modèle d'harmonie, se résume en ces traits caractéristiques :

« Travail, sans trêve ni merci !

« Bienveillance, à toute épreuve, pour vos chers élèves !

« Dévouement passionné pour tout ce qui touche à la dignité professionnelle !

« Indépendance de caractère et sûreté de jugement dans vos rapports avec les autorités administratives de la Capitale ; ce sont ces deux qualités maîtresses qui, sans conteste, vous ont mérité l'honneur d'être, en matière d'Hygiène et de Santé publiques, l'un des conseillers les plus écoutés du sympathique Préfet qui devait présider cette magnifique fête de famille.

« Fort de cette conviction, je bois à la santé du Confrère aimable et bienveillant dont l'esprit est toujours resté accessible à toutes les conquêtes et aspirations du Progrès moderne, et dont le cœur est constamment ouvert aux *modestes* de la Science comme aux déshérités de la fortune.

« A M. Dujardin-Beaumetz ! »

TOAST PRONONCÉ PAR M. LOYS BRUEYRE, MEMBRE DU CONSEIL SUPÉRIEUR DE L'ASSISTANCE PUBLIQUE

« Messieurs,

« Si une commune sympathie nous réunit, ce soir, pour fêter une distinction méritée par un travail opiniâtre, une activité infatigable, mis au service d'une intelligence claire, lumineuse et précise, chacun de nous la nuance et la marque d'un sentiment qui lui est personnel.

« Les uns, comme M. le Préfet de police, représenté ici par son Secrétaire général, ou comme mon éminent collègue au Conseil supérieur de l'Assistance publique, M. Rochard, apprécient surtout, en Beaumetz, l'homme de science et le collaborateur éminent dont le dévouement et le mérite sont à la hauteur de toutes les tâches ; d'autres, ses collègues, aiment en lui l'homme aux relations courtoises et sûres, qui n'a conquis la haute situation qu'il occupe que par les moyens droits et honnêtes ; ses élèves, enfin, saluent en lui le Maître vénéré d'accès si gracieux et toujours empressé à leur être utile dans les entreprises qu'ils poursuivent. Mais ce qui leur va droit au cœur, ce qui détermine en eux un véritable courant d'attraction, c'est cette figure franche, sympathique et ouverte, cette inaltérable bonne humeur, et cette gaieté triomphante qui le font paraître le plus jeune parmi les plus jeunes. Et, tenez, cette belle humeur, elle lui a singulièrement servi, il y a deux ans, lorsque la Mort qui, l'ingrate, n'épargne pas même les médecins, est venue rôder quelque temps autour de sa demeure. Devant la sérénité d'âme avec laquelle il la regardait en face, devant cette gaieté qui lui fut l'arme avec laquelle il domptait ses souffrances, devant peut-être quelques propos gaulois et salés, la Mort s'est enfuie au plus vite, convaincue qu'elle s'était trompée de malade !

« Vous permettrez donc à son vieux camarade, à son beau-frère, de prendre la parole au nom de nos communs amis, au nom aussi de ses cousins dont plusieurs sont à cette table et qui, de leur côté, honorent grandement le nom de Dujardin-Beaumetz.

« Voilà bientôt cinquante ans, mon cher Georges, et, toi aussi, mon cher Thadée [1], que, bambins, nous polissonnions sur les bancs de la même pension, et, depuis lors, à travers les vicissitudes de la vie, à travers les longues années de l'enfance, de la jeunesse, de l'âge mûr et bientôt de la vieillesse qui, par la porte entr'ouverte, montre déjà sa tête

---

[1] Le Dr Thadée Dujardin-Beaumetz, Directeur du Service de santé au Ministère de la Guerre.

chenue, jamais aucune ombre, aucun nuage n'ont terni un seul moment la cordialité et l'agrément de nos relations affectueuses.

« Jeunes gens qui m'écoutez, je vous souhaite de rencontrer sur le chemin de la vie pareille bonne fortune.

« Je lève donc mon verre et je vous convie à lever le vôtre avec moi. Je bois, mon cher Georges, aux noces d'or de notre amitié! Puissions-nous, un jour, en célébrer aussi allègrement les noces de diamant! »

TOAST PRONONCÉ PAR M. LE Dʳ DUJARDIN-BEAUMETZ

« Mes chers amis,

« Vous avez mis ma modestie à de telles épreuves que j'ai perdu tout mon sang-froid, et qu'il me sera bien difficile de mettre de l'ordre dans mes idées, tant est grande mon émotion.

« Je regrette, plus que quiconque, l'absence de M. le Préfet de police ; c'est son initiative qui me vaut l'honneur de cette fête, et je tenais à lui exprimer ici publiquement ma vive et profonde gratitude. Je prie M. le Secrétaire général de lui transmettre l'hommage de ma reconnaissance.

« Je suis intimement convaincu que les mots *hygiène publique* et *autorité* sont inséparables et, si l'hygiène de notre grande Cité a fait, dans ces dernières années, des progrès incontestables et incontestés, elle le doit en grande partie à l'énergie que le Préfet de police et son administration ont mise à réaliser les vœux du Conseil d'Hygiène et de Salubrité du département de la Seine.

« Ce dernier est aussi pour beaucoup dans la distinction qui m'a été accordée. J'ai trouvé près des membres de ce Conseil une telle bienveillance et une telle indulgence que je lui dois une grosse part dans mes remerciements. Je prie mon excellent ami Rochard de les accepter et de les transmettre à mes collègues.

« M. le Directeur de l'Assistance publique a songé à associer les malades de l'hôpital Cochin à cette fête; j'ai été très touché de sa délicate pensée. Qu'il me permette aussi de le remercier personnellement pour l'appui que j'ai toujours trouvé près de lui et de son administration pour développer mon enseignement à l'hôpital Cochin, enseignement que je crois, comme lui, profitable aux malades, aussi bien qu'aux élèves.

« Mon cher collègue, le Dr de Beauvais, a bien voulu me transmettre les vœux de mes collègues de la Société de Médecine et de Chirurgie pratiques; j'en suis fort touché, et que tous mes collègues de cette Société soient bien persuadés de l'attachement profond que je porte au développement de leurs travaux.

« Mon excellent collègue, le Dr de Pietra Santa, a rappelé mon rôle dans la Presse scientifique française et étrangère; je serais un ingrat si j'oubliais combien je dois à mes collègues de la presse scientifique qui ont tant fait pour ma réputation, en répandant, en France et à l'Étranger, un grand nombre de mes conférences.

« J'ai été très ému, mon cher Brueyre, des paroles que tu as prononcées; tu as rappelé les souvenirs de notre jeunesse et tu as bien montré que, malgré les années, notre amitié n'en était ni moins forte, ni moins tenace ; je te suis aussi reconnaissant d'avoir évoqué ici les liens de parenté qui nous unissent et la famille qui m'entoure en ce moment ; mais il est surtout un nom qui doit être associé à cette fête, c'est celui de ma très chère, très fidèle et très modeste compagne, qui, ayant partagé tous mes labeurs, doit aussi partager toutes mes joies.

« Je remercie aussi, du fond du cœur, mes collègues de l'Académie et des hôpitaux d'être venus en si grand nombre à cette fête; ils me donnent là un témoignage d'estime dont je connais tout le prix et dont j'ai le droit de me montrer fier.

« Quant à vous, mes chers élèves, cordialement merci ! Je professe, comme vous le savez, cette opinion que l'on a taxée de paradoxale, que ce ne sont pas les maîtres qui font les élèves, mais bien les élèves qui font le maître. Votre présence ici est une preuve vivante de cette opinion.

« Vous êtes, en effet, le champ fertile où nous semons à pleines mains les idées que nous croyons justes et saines ; la moisson qui en résulte est une suffisante récompense à notre labeur.

« En jetant les yeux autour de cette salle, j'y revois toute ma vie.

« D'abord ce sont les amis de la première enfance, puis mes compagnons d'étude, enfin ceux qui ont parcouru avec moi cette pénible et souvent décevante carrière des concours. Voici Bixio, mon ancien colonel : c'est l'année terrible, la bataille de Montretout et ma première promotion à la croix de Chevalier de la Légion d'honneur.

« J'entre dans les hôpitaux, et se déroule alors la longue cohorte de mes élèves dont plusieurs sont des maîtres aujourd'hui. L'Académie m'ouvre ses portes : c'est mon vieux camarade et fidèle ami, C. Paul, qui m'en indique la route, et, dans ce long chemin que je parcours depuis près de soixante ans, je n'ai trouvé qu'accueils sympathiques, qu'amitiés chaudes et vivaces.

« Aussi permettez-moi de lever trois fois mon verre : au passé, au présent et à l'avenir ! Au passé ! c'est-à-dire aux maîtres qui guidèrent mes premiers pas, aux amis et aux condisciples disparus dans la tourmente de la vie ; au présent ! c'est-à-dire à cette réunion toute vibrante de sympathie et de cordialité ; à l'avenir, c'est-à-dire à mes élèves, à la jeunesse ; c'est au seuil de la vieillesse ce que nous aimons le plus, car elle est la passion et la vie ! »

Tours, imp. Deslis Frères.

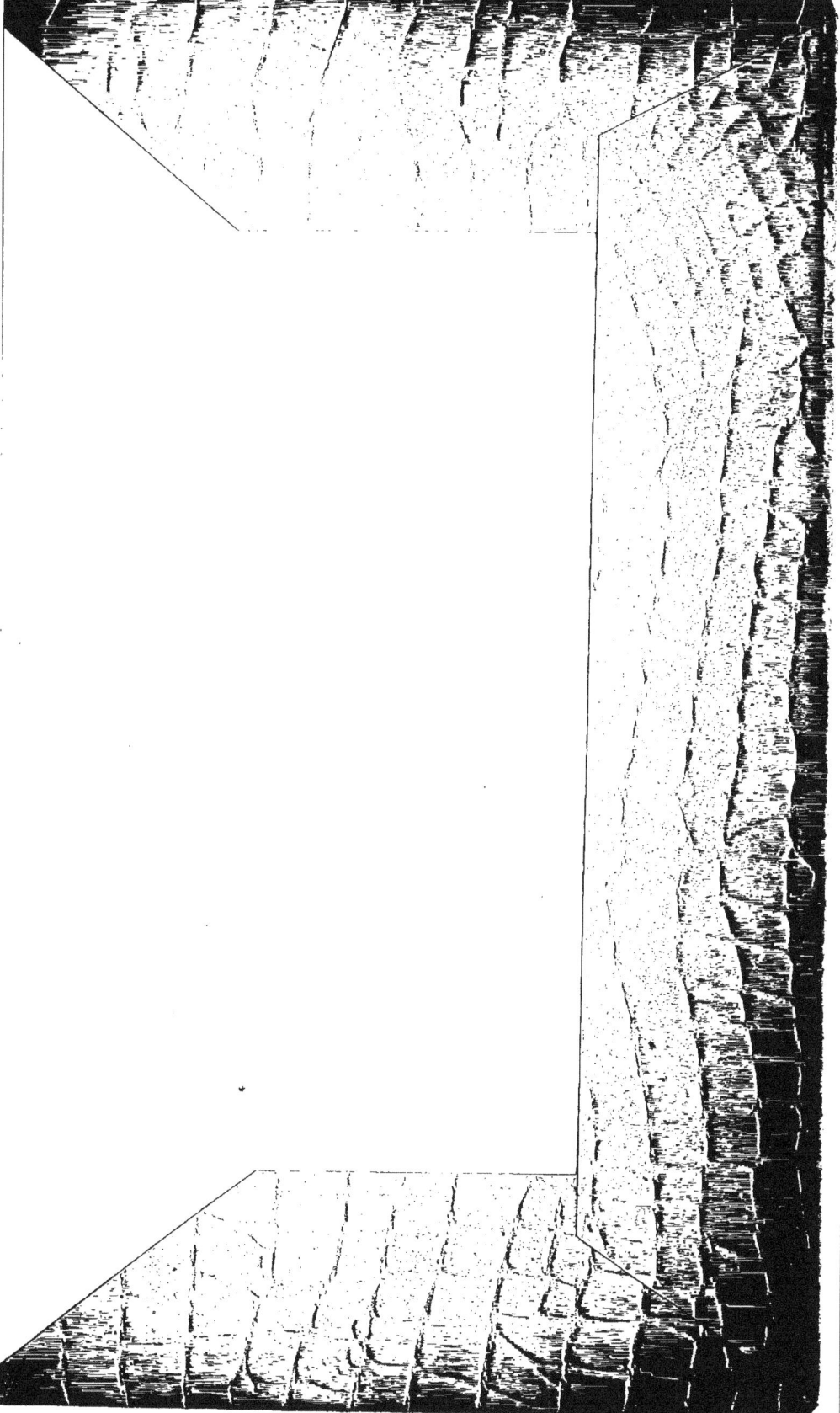

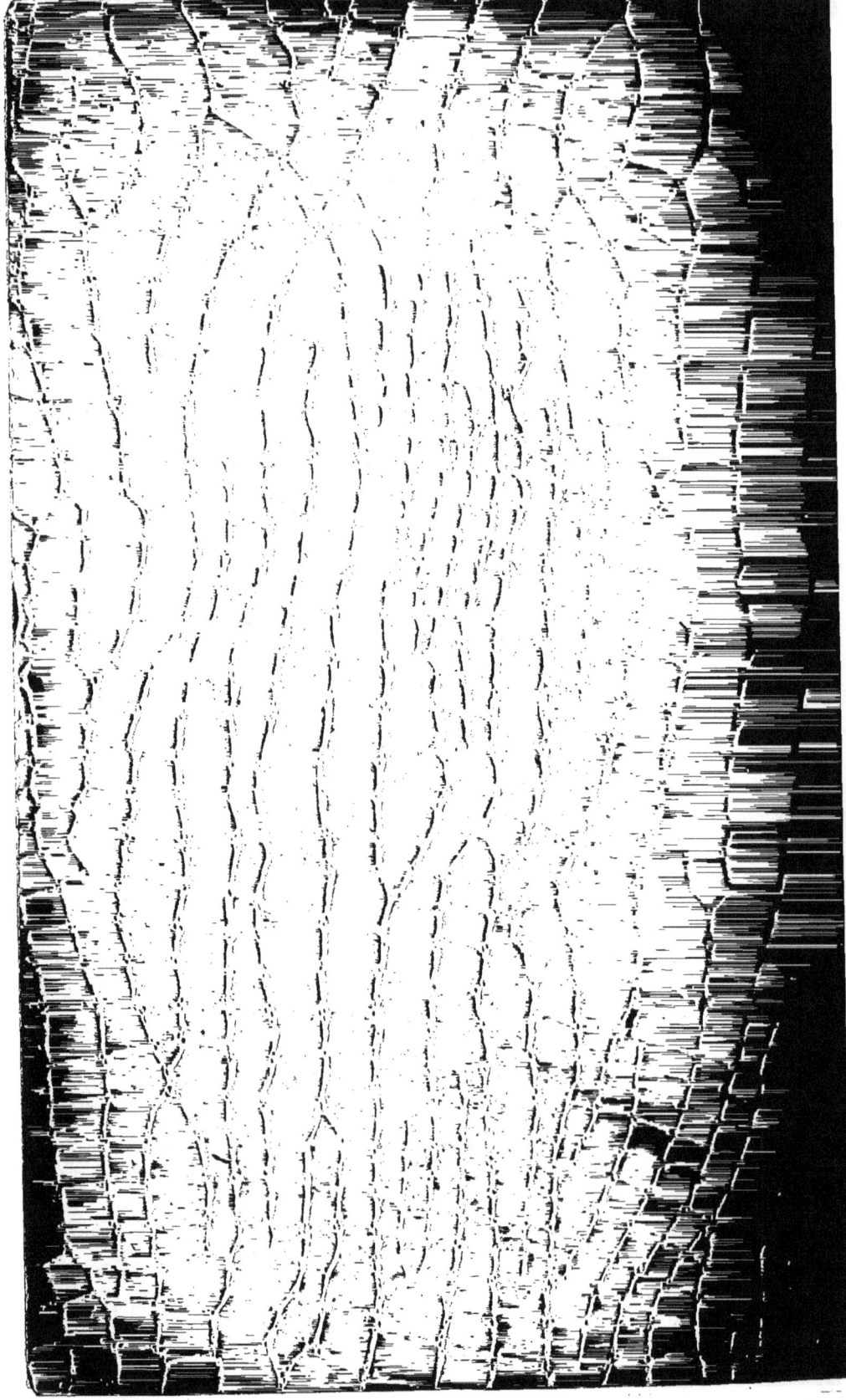

www.ingramcontent.com/pod-product-compliance
Lightning Source LLC
Chambersburg PA
CBHW060510050426

42451CB00009B/909